Stuttgart damals –
Stuttgart jetzt

Harald Schukraft

Stuttgart damals – Stuttgart jetzt

Silberburg-Verlag

1 2 3 4 5 98 97 96 95 94

Alle historischen Fotos: Sammlung Metz, Haus der Geschichte Baden-Württemberg, Stuttgart.
Alle aktuellen Fotos: Titus Häussermann, Tübingen.
Druck: Schroff, Augsburg.
Printed in Germany.

ISBN 3-87407-200-2

Inhalt

12 Blick vom Turm des Eberhardsbaus zum Rathaus (1908)
14 Blick vom Rathausturm zur Stiftskirche (1908)
16 Die Markthalle (1902)
18 Olgabau vom Königsbau aus (1910)
20 Der Schloßplatz vom Neuen Schloß aus (1907)
22 Der Rosengarten am Neuen Schloß (1905)
24 Die untere Königstraße mit Marstall und Hauptbahnhof (1924)
26 Das Königstor am unteren Ende der Königstraße (1908)
28 Die Kriegsbergstraße, Ecke Schillerstraße (1906)
30 Blick in die Friedrichstraße (1902)
32 Die Schloßstraße (heute Bolzstraße) vom Königsbau aus (1910)
34 Blick in die obere Königstraße vom Olgabau aus (1907)
36 Königstraße – Warenhaus Tietz (1909)
38 Die obere Königstraße von der Legionskaserne beziehungsweise vom Wilhelmsbau aus (1909)
40 Blick in die Gartenstraße (heute Fritz-Elsas-Straße) (1906)
42 Rotebühlstraße (1909)
44 Die Eberhardstraße (1909)
46 Die Tübinger Straße mit dem Café Reichshof (1905)
48 Das »Lindle« – heute Österreichischer Platz (1905)
50 Wilhelmsplatz (1909)
52 Die Hauptstätter Straße (1905)
54 Leonhardsplatz (1906)
56 Die Esslinger Straße mit Blick zum Charlottenplatz (1905)
58 Blick vom Hotel Silber auf den Charlottenplatz (1909)
60 Die Südseite des Charlottenplatzes (1909)
62 Neckarstraße mit Bürgerhalle (1906)
64 Blick vom Neckartor in die Neckarstraße (1906)
66 Der Kernerplatz (1908)
68 Der Ostendplatz (1907)
70 Nills »Zoologischer Garten« am Herdweg (1903)
72 Die Ecke Hölderlinstraße/Hegelstraße (1906)
74 Die Garnisonskirche (1902)
76 Die erste Liederhalle (1902)
78 Büchsenstraße und Liederhalle (1907)
80 Blick in die Büchsenstraße zur Hospitalkirche (1905)
82 Das »Bollwerk« (1909)
84 Blick in die Böblinger Straße (1906)
86 Schwabtunnel (1906)
88 Blick vom Turm der Marienkirche in die Tübinger Straße (1906)
90 Bopseranlagen (1907)
92 Ecke Olga- und Blumenstraße (1906)
94 Ecke Charlotten-/Olga-/Gaisburgstraße (1914)

Für Wolfgang Kress

Die Idee dieses Buches

Die in dem vorliegenden Band zusammengestellten historischen Abbildungen stammen ausschließlich aus dem ersten Viertel des 20. Jahrhunderts. Ihnen wurden jeweils Fotografien gegenübergestellt, die möglichst von genau derselben Stelle die heutige Situation zeigen. Sie wurden sämtlich im Sommer und Herbst 1994 aufgenommen. Da sich das Stadtbild von Stuttgart in den letzten acht Jahrzehnten teilweise völlig verändert hat, mußte in Einzelfällen vom historischen Standort des Fotografen um einige Meter abgewichen werden, um den jetzigen Blick zeigen zu können.

Das Ausmaß der Veränderung wird einem bewußt, wenn man sich vor Augen führt, daß die während vieler Jahrhunderte gewachsene Bausubstanz Alt-Stuttgarts seit etwa 1900 fast vollkommen ausgetauscht wurde. In dem auf eine Stadtanlage des 13. Jahrhunderts zurückgehenden Kernbereich zwischen Königstraße, Eberhardstraße und Altem Schloß ist außer den um den Schillerplatz gruppierten herrschaftlichen und kirchlichen Gebäuden kein einziges Haus erhalten, das älter als unser Jahrhundert ist.

In der seit der Mitte des 15. Jahrhunderts um die Hospitalkirche angelegten sogenannten Oberen oder Reichen Vorstadt sieht die Erhaltung alter Bauten nicht viel besser aus. Ein weit über Stuttgart hinaus bekanntes Vorzeigebeispiel einer Altstadtsanierung aus den siebziger Jahren stellt eine traditionsreiche Häuserzeile in der Calwer Straße dar. Allerdings handelt es sich bei den alt anmutenden Giebelhäusern überwiegend um Rekonstruktionen mit modernen Baustoffen. Das einzige völlig erhaltene Wohnhaus dieses Stadtteils steht auf dem Grundstück Firnhaberstraße 1. Es stammt höchstwahrscheinlich aus dem 17. oder 18. Jahrhundert und besitzt sogar noch seine barocke Eingangstür. Alles übrige wurde – abgesehen von der herrschaftlichen Oberamtei am Rotebühlplatz, dem Rotebühlbau und dem Chor der Hospitalkirche – entweder im Zweiten Weltkrieg zerstört oder zwischenzeitlich abgerissen.

Die in der ersten Hälfte des 15. Jahrhunderts entstandene Vorstadt um die Leonhardskirche konnte am meisten vom alten Stadtbild bewahren. Weber-, Richt-, Jakob- und Leonhardstraße sind fast unversehrt geblieben und vermögen noch heute einen lebhaften Eindruck von den baulichen Verhältnissen in Stuttgart vor 1900 zu vermitteln. Nur das Bohnenviertel zwischen Pfarr- und Charlottenstraße hat sowohl durch Kriegszerstörungen als auch durch vorbereitende Abbrüche für das glücklicherweise nicht verwirklichte »Technische Rathaus« erhebliche Verluste erlitten. Dennoch tritt uns das Bohnenviertel heute in einer bunten Mischung aus renovierten Altbauten und maßstäblich eingefügten neuen Gebäuden ins Auge. Diese Tatsache verdanken wir zum einen dem während der siebziger Jahre allgemein gestiegenen Interesse am Denkmalschutz, zum anderen aber auch dem mutigen Engagement der Bevölkerung des Bohnenviertels, die mit ernstzunehmenden Vorschlägen zur behutsamen Sanierung ihres Stadtteils die Stadtverwaltung letztlich überzeugen konnte.

Neben den tiefgreifenden Veränderungen im Zentrum Stuttgarts sind in den vor allem aus der Wilhelminischen Zeit stammenden Randbezirken – im Westen, Süden und Osten – zahlreiche Straßenzüge und Platzanlagen nahezu unverändert erhalten.

Das einschneidendste Ereignis in der gesamten Stuttgarter Stadtgeschichte war der Zweite Weltkrieg mit seinen vielfach flächenhaften Zerstörungen. Während Beton-Bauten dem Feuersturm noch relativ gut widerstehen konnten – Mittnachtbau und Breuninger-Hochhaus sind Beispiele dafür –, so hatten die Flammen bei den teilweise uralten Fachwerkhäusern leichtes Spiel. Das Holz brannte sofort lichterloh, und das Feuer breitete sich in Windeseile über die Umgebung aus.

Doch nicht nur der Krieg hat der bis zum Beginn des 20. Jahrhunderts in außergewöhnlicher Geschlossenheit vorhandenen Altstadt Stuttgarts schwersten Schaden zugefügt.

Nills »Zoologischer Garten« am Herdweg im Jahr 1903 ...

... und derselbe Blick heute – Gestrüpp behindert die Sicht. Hier wie auch in manchen anderen Fällen mußte das Vergleichsfoto von einem leicht veränderten Standpunkt aus aufgenommen werden (siehe Seite 70/71).

Schon vorher wurden flächenhaft ganze Häuserblocks abgebrochen, an deren Stelle Neues treten sollte. Sehr eindrücklich geschah dies beim Bau des Rathauses 1899 bis 1905, als diesem 20 Fachwerkgiebelhäuser weichen mußten.

Mehr noch als die verheerenden Zerstörungen während der Kriegsjahre 1944/45 haben die darauffolgenden Wiederaufbaumaßnahmen das Bild der Stadt verändert. Denn vielerorts wurden nicht nur auf Ruinengrundstücken neue Häuser gebaut, sondern auch intakte oder nur wenig in Mitleidenschaft gezogene Gebäude abgebrochen und die Straßengrundrisse einschneidend umgestaltet. Letzteres fällt in den Bereichen Hauptstätter Straße, Friedrich- und Fritz-Elsas-Straße deutlich ins Auge, wo heute dem Auto der meiste Platz eingeräumt wird. In Stuttgart wurde die Schaffung der »autogerechten Stadt« als vorrangiges Ziel für den Nachkriegsaufbau propagiert und Zug um Zug in die Tat umgesetzt. Vor allem die Schneisen im Verlauf von Theodor-Heuss- und Friedrichstraße sowie von Hauptstätter und Neckarstraße haben tiefgreifende Auswirkungen auf die Gesamtstruktur der Innenstadt. Gemessen an den Architekturformen und der Ladenstruktur reichte das Geschäftszentrum früher weit über den jetzigen Bereich hinaus. Die Bilder aus der Gegend der Liederhalle machen dies anschaulich.

Ein Vergleich mit dem Wiederaufbau anderer Städte zeigt, daß es durchaus Alternativen im Umgang mit dem überkommenen Stadtbild gegeben hat. In Münster in Westfalen, Freiburg im Breisgau und München beispielsweise herrschte der Wille vor, die Kriegszerstörungen möglichst nur zu reparieren und sich am bisherigen Charakter des Stadtbildes zu orientieren. In Stuttgart dagegen hatte die Vergangenheit nur eine kleine Lobby, und im Vordergrund stand die Schaffung von zweckmäßigem Neuen. Diese Haltung hätte beinahe das Neue Schloß vom Schloßplatz verschwinden lassen, dessen Abbruch zeitweise ernsthaft in Erwägung gezogen wurde.

Im Falle des Kronprinzenpalais hatten alle Proteste der Bevölkerung keinen Erfolg. Es wurde dem vermeintlich »rasant anwachsenden Autoverkehr« geopfert. Heute gehört der Schloßplatz allerdings nur noch den Fußgängern, ein Abbruch also, der, rückblickend gesehen, überflüssig war.

Beim Betrachten der nachfolgenden Bildpaare fallen Veränderungen auf, die im täglichen Umgang nur selten bewußt werden. Erst der unmittelbare Vergleich macht dies möglich. Zahlreiche Gebäude, die den Zweiten Weltkrieg überstanden hatten beziehungsweise später wiederhergestellt wurden, haben in auf den ersten Blick gering erscheinenden Details ihr Aussehen verändert.

Dies wird deutlich am Chor der Leonhardskirche, wo der Figurenschmuck beseitigt wurde, sowie am Rosengartenflügel des Neuen Schlosses, dessen Säulenportikus ebenso fehlt wie ein Teil der Dachgaupen und sämtliche Schornsteine. Diese Einzelheiten bewirken einen tiefgreifenden Wandel des Erscheinungsbildes, der an vielen weiteren Beispielen in ähnlicher Weise beobachtet werden kann.

Besonders im Falle der wiederhergestellten hinteren Flügel des Rathauses wird in seltener Deutlichkeit klar, wie außerordentlich wichtig die Dachgestalt für den Gesamteindruck eines Bauwerks ist. Auch der Königsbau hat durch die Beseitigung seines Dachschmuckes wesentliche Elemente seines Architekturstils verloren. Diese Dachveränderungen sind aber nicht nur bei öffentlichen Gebäuden zu beobachten, sondern noch in weit größerem Ausmaß bei den bürgerlichen Wohnbauten. Erwähnt seinen hier nur Beispiele beim Schwabtunnel und am Wilhelmsplatz.

Auf zahlreichen Abbildungen läßt sich ferner der Funktionswandel von Bäumen und Sträuchern im Straßenbild erkennen. Während früher das innerstädtische Grün der Architektur als schmückendes Beiwerk gedient hat, herrscht heute vielfach ungezähmter Wildwuchs vor, der die Gebäude teilweise als Nebensache erscheinen läßt.

Der Blick von der Büchsenstraße zur Liederhalle zeigt diese Veränderung besonders deutlich.

Was jedoch fast alle historischen Abbildungen grundsätzlich von den heutigen Fotografien unterscheidet, ist die Klarheit des Straßenbildes. Außer einer gepflasterten Fläche, den Gehsteigen auf beiden Seiten und den Fassaden ist nur wenig zu sehen. Die »Möblierung« des öffentlichen Raumes beschränkte sich damals auf Straßenlaternen, Litfaßsäulen, Oberleitungen und sehr wenige andere Dinge. Heute beherrschen Ampeln, Verkehrszeichen, Leitungsmasten, Werbeträger, Wartehäuschen, Fahrkartenautomaten und viele andere Gegenstände das Straßenbild. Dies erzeugt häufig einen unruhigen Eindruck und lenkt unsere Blicke zwangsläufig von der Architektur auf Sachen, die für unser tägliches Leben unverzichtbar erscheinen.

Das vergleichende Betrachten der hier zusammengefaßten Abbildungen vermag Veränderungen bewußt zu machen, die nicht von vornherein offensichtlich sind. Der Gestaltwandel unserer Städte ist nicht nur eine optische Angelegenheit, sondern vielmehr eine Sache, die sich tief auf das Verhalten der Menschen auswirkt. Daher ist ein äußerst sensibler Umgang mit dem öffentlichen Raum notwendig, was in der unmittelbaren Nachkriegszeit zu wenig Berücksichtigung gefunden hat.

Blick vom Eberhardsturm zum Rathaus (1908)

Zwischen den untereinander verschachtelten, jedoch kaum über ein gewisses Maß hinausragenden Stuttgarter Altstadthäusern fällt auf dem historischen Foto das Rathaus geradezu riesenhaft ins Auge. Bevor es 1905 nach sechsjähriger Bauzeit eingeweiht werden konnte, hatten ihm entsprechend dem Baufortgang insgesamt 20 Häuser weichen müssen.

Es war dies der größte flächenhafte Kahlschlag im Stadtbild seit den Anfängen Stuttgarts.

Der Vergleich zwischen einst und jetzt zeigt, wie grundsätzlich die Veränderungen beim Wiederaufbau des Altbaus waren. Obwohl sich die Eingriffe in die Fassadengestalt in Grenzen hielten, tritt der Bau heute völlig anders in Erscheinung.

Diese Tatsache führt einmal mehr in aller Deutlichkeit vor Augen, wie wichtig die Form des Dachaufbaus für die optische Gewichtung eines Gebäudes ist. Denn die architektonische Hervorhebung von Teilen der Fassade setzte sich ursprünglich bis in die Dachzone fort, deren Gliederung ohne die Giebel, Zinnen und Turmhelme unvollständig und im wahrsten Wortsinn »beschnitten« ist.

In Gutachten wurde nach dem Krieg der Wiederaufbau des Rathauses in alter Gestalt als die kostengünstigste Variante vorgeschlagen, weil unter anderem sämtliche Ziergiebel völlig unbeschädigt geblieben und sogar wesentliche Teile der Stahlkonstruktion des Daches intakt waren.

Wörtlich hieß es in einer Stellungnahme vom Oktober 1946: »Instandsetzung in ursprünglicher Form naheliegend ... Wände und Decken so wenig beschädigt, daß Wiederherstellung mit geringen Mitteln durchführbar.«
Am Altbau des Rathauses gehen die Passanten heute zumeist achtlos vorüber, zu wenig tritt er aus dem Einerlei der Geschäftsbauten hervor.

Blick vom Rathausturm zur Stiftskirche (1908)

Bei genauem Betrachten entdeckt man, daß die unregelmäßige Stellung der Marktplatz-Giebelhäuser auch bei den Neubauten wieder anklingt. Nach der Zerstörung hat man an diesem wichtigen Ort nicht an den überkommenen Grundstücks- und Besitzverhältnissen gerüttelt. Daher ist – wie andernorts auch – die kleinparzellierte Struktur erhalten geblieben.

Anhaltspunkte für den Vergleich beider Bilder sind die Stiftskirche und das Alte Schloß, welche beide wenigstens in ihrer für das Stadtbild so wichtigen äußeren Form nur unwesentlich verändert wiederaufgebaut wurden.

Während auf dem alten Foto der Bahnhofsturm noch fehlt, fällt vor dem Alten Schloß ein ungewöhnlich hohes Giebelhaus auf: die sogenannte »Kleine herrschaftliche Kelter« aus der ersten Hälfte des 15. Jahrhunderts. Es ist, wie alle übrigen Fachwerkbauten der Innenstadt, 1944 völlig vernichtet worden.

Statt dessen tritt nun das Dach der über 80 Jahre alten Markthalle als etwas Besonderes in der modernen Umgebung in Erscheinung.

Die Markthalle (1902)

Die alte »Gemüsehalle« war eine Konstruktion aus Stahl und Glas, die der Architekt Georg von Morlok auf Kosten König Wilhelms I. in den Jahren 1863/64 errichtet hatte.

Im Anbau (in der Mitte des Bildes) waren das »Fleischschaulokal« und die »Verbrauchsteuerstation« untergebracht.

Die Markthalle von 1914, die mittlerweile als eine der schönsten ganz Deutschlands gilt, war zu Beginn der siebziger Jahre ihrerseits zeitweise vom Abbruch bedroht, da sie einem modernen Kaufhaus Platz machen sollte.

Auf dem historischen Foto bemerkt man ferner links des großen Stiftskirchenturms ein hochaufragendes Giebelhaus. Es handelt sich dabei um die »Kleine herrschaftliche Kelter« aus dem 15. Jahrhundert.

Unmittelbar vor dem Zweiten Weltkrieg bauhistorisch untersucht, wurde das Gebäude wie die gesamte Umgebung 1944 restlos zerstört.

Beim Wiederaufbau wurde der Verlauf der Sporerstraße verändert. Einzig die Stiftskirche dient auf beiden Aufnahmen als Orientierungspunkt.

Olgabau vom Königsbau aus (1910)

Nicht nur im Vergleich einst und jetzt, auch auf dem historischen Foto selbst ist ein tiefgreifender Wandel sichtbar.

Die sich hinter dem repräsentativen Königin-Olga-Bau beinahe versteckende Eberhardskirche gehört noch der ersten Gebäude-Generation in der unteren Königstraße an und wurde 1808 bis 1811 von der Solitude, wo sie bereits über drei Jahrzehnte ihren Dienst getan hatte, durch Hofbaumeister Nikolaus von Thouret hierher versetzt.

Bis 1893 befanden sich an der Stelle des Königin-Olga-Baus Häuser mit nur zwei Stockwerken aus der Anfangszeit des 19. Jahrhunderts, die von der Kirche weit überragt wurden.

Nach dem Abbruch der Altbauten wurde durch die Architektengemeinschaft Lambert & Stahl der viergeschossige, neobarocke Königin-Olga-Bau in vergleichsweise völlig neuen Dimensionen errichtet.

Zur Kirche hin bildete eine fensterlose, schlicht verputzte Brandmauer die Grenze, damals schon in der Absicht, den benachbarten Sakralbau früher oder später zu verlegen und das Grundstück geschäftlich zu nutzen.

Während die Eberhardskirche im Zweiten Weltkrieg völlig zugrundegegangen ist, blieb die ausgebrannte Ruine des Königin-Olga-Baus erhalten. Nach anfänglichen Überlegungen, die eine Wiederherstellung vorsahen, wurde letztlich der Neubauentwurf Paul Schmitthenners genehmigt und bis 1954 verwirklicht.

Die Eberhardskirche ist 1953 bis 1955 nach den Plänen von Hugo Schlösser in modernen Formen, in den Größenverhältnissen der Umgebung angepaßt, neu entstanden.

Der Schloßplatz vom Neuen Schloß aus (1907)

Erst im Vergleich wird offensichtlich, welch markantes Gebäude mit dem Abbruch des Kronprinzenpalais 1964 aus dem Stadtbild verschwunden ist. Mit seinen drei Geschossen überragte es den benachbarten Königsbau, und am Ende der Planie bildete es einen beachtenswerten Blickpunkt. Der Bau wurde damals wegen eines Straßendurchbruchs geopfert – heute ist die gesamte Umgebung Fußgängerzone.

Hinter dem Kronprinzenpalais ragt der barocke Turm der Hospitalkirche empor. Sein Obergeschoß und der Helmaufsatz wurden in den fünfziger Jahren völlig neu gestaltet, entsprechend dem veränderten Umfeld.

Von 1966 bis 1969 wurde statt des Kronprinzenpalais der Kleine Schloßplatz errichtet, anfänglich als Zukunftsarchitektur hoch gerühmt.

Doch bald machte sich ein Unbehagen breit, aus dem immer wieder Neugestaltungsideen geboren wurden. Sie sind jedoch bisher an der Finanzschwäche der Stadt gescheitert. Einzige Ausnahme ist die 1993 vorgebaute Freitreppe.

Bis auf wenige gestalterische Veränderungen und eine Verjüngung des Baumbestandes hat die Schloßplatz-Anlage ihr altes Erscheinungsbild bewahren können. Die Jubiläumssäule steht seit anderthalb Jahrhunderten allen Stürmen der Zeit widerstehend auf ihrem Platz. Auch das von Friedrich Wilhelm Hackländer und Christian Leins erdachte originelle Wegesystem von 1861 wurde zur Bundesgartenschau 1977 in seinem Bestand gesichert.

Der Rosengarten am Neuen Schloß (1905)

Vor dem stilistisch noch weitgehend vom Rokoko beeinflußten Gartenflügel des Neuen Schlosses befand sich bis 1918 der Privatgarten des Königs von Württemberg.

Er war 1839 nach der Auffüllung des zum Schloß führenden Seitenarms des »Epaulettensees« – so genannt nach der Form militärischer Schulterstükke – entstanden und als königlicher Rosengarten angelegt worden.
Zwei Löwen flankierten den Ausgang zur Schloßgartenstraße, die von der Neckarstraße (heute Konrad-Adenauer-Straße) am Großen Haus der Württembergischen Staatstheater vorbei zum Kunstgebäude und in die heutige Stauffenbergstraße führte. Die im Vordergrund sichtbaren Gleise dienten den Straßenbahnlinien 25 und 26, die beide vom Schloßplatz in die Neckarvororte und nach Esslingen fuhren.

Im Zweiten Weltkrieg durch Bombeneinschläge in Mitleidenschaft gezogen, war die Grundstruktur des ehemaligen Privatgartens bis 1960 erhalten.

Erst aus Anlaß der im darauffolgenden Jahr in Stuttgart veranstalteten Bundesgartenschau wurde neben zahlreichen anderen Parkanlagen auch der Rosengarten vollkommen umgestaltet. Das einst regelmäßige Wegenetz, das um eine zentrale Grünfläche herumgeführt hatte, wurde durch eine unorganische Beet- und Bassinansammlung auf Schachbrettgrundriß ersetzt.

Auch der einst ovale Theatersee erhielt damals seine unregelmäßig eckige Form.

Aufschlußreich ist ein Vergleich verschiedener Fassadendetails des Neuen Schlosses. Beispielsweise fehlen heute die zahlreichen Schornsteine, einige der Dachgaupen sowie die Säulen vor dem Erdgeschoß des Mittelrisalits.

Die untere Königstraße mit Marstall und Hauptbahnhof (1924)

Bis 1922 war die untere Königstraße eine nach Verkehrsgesichtspunkten völlig bedeutungslose Stichstraße mit allerdings schon recht altertümlich anmutendem Repräsentationsanspruch.

Von König Friedrich zu einer der bevorzugten Straßen Stuttgarts erklärt, wurde die untere Königstraße ab 1806 mit wichtigen öffentlichen Gebäuden und Häusern wohlhabender Bürger bebaut.
Den Anfang machte 1806/07 der von der Solitude hierher versetzte riesige Marstall, von dem ein kleiner Teil rechts sichtbar ist.

Die beiden Häuser auf der linken Seite stammen ebenfalls noch aus den Anfangsjahren dieses Straßenabschnitts. Sie mußten Ende der zwanziger Jahre dem Hindenburgbau weichen.

Erst der Abbruch des Königstores machte den Ausbau der Königstraße zu einer Hauptverkehrsachse möglich.

Während zuvor der gesamte Straßenbahnverkehr durch die Friedrichstraße geführt worden war, wurde er nun direkt zu dem am 21. Oktober 1922 eingeweihten neuen Hauptbahnhof geleitet. Vor dem Turm bogen die Wagen entweder nach links zum Bahnhofsvorplatz oder nach rechts in die Schillerstraße ein.

Seit 1978 sind die Bahnen in den Untergrund verbannt und ist die gesamte Straße den Fußgängern vorbehalten.

Das Königstor am unteren Ende der Königstraße (1908)

Aus den Steinen des alten »Esslinger Tors« – es stand etwa an der Stelle des Schwaben-Bräu-Hochhauses am Charlottenplatz – wurde 1810 das Königstor als repräsentativer Abschluß der unteren Königstraße errichtet.

Dieser Straßenabschnitt bis zum Schloßplatz ist entsprechend dem Willen König Friedrichs ab 1805 planmäßig als neue Prachtstraße angelegt worden.

Nach dem Bau des ersten Teilabschnitts des neuen Hauptbahnhofs wurde das schmale Tor, ein Verkehrshindernis, 1922 abgetragen. Die Steine hat man geordnet und zum Wiederaufbau an anderer Stelle eingelagert. Da die Standortvorschläge (Wolframstraße, Mittlere Anlagen u. a.) keine uneingeschränkte Zustimmung fanden und zudem die Inflation das für eine Wieder-

errichtung bereitgestellte Geld bald aufgezehrt hatte, wurden schließlich nur einzelne Stücke, so zum Beispiel der Wappenstein, in der Bahnhofshalle eingemauert.

Schon gut 50 Jahre nach dem Abbruch des Tores floß kein Verkehr mehr durch die Königstraße. Sie gehört seit 1978 dem Fußgänger, der heute nur noch unterirdisch den Hauptbahnhof erreicht – ein Verkehrshindernis wäre das Königstor jetzt nicht mehr.

Die Kriegsbergstraße, Ecke Schillerstraße (1906)

Um die Jahrhundertwende galt die Kriegsbergstraße als eine der vornehmsten Wohnstraßen der Innenstadt.

Hier standen namhafte und das Stadtbild bereichernde Villen wohlhabender Bürger, zum Beispiel als Nummer 22 die Villa Texas und als Nummer 26 die Villa Conradi.

Letztere lag unmittelbar rechts außerhalb des Bildrandes und war im Zweiten Weltkrieg ausgebrannt. Die Außenmauern des 1873 von Architekt Adolf Gnauth erbauten Gebäudes standen zwar noch, und zunächst hielt man eine Wiederherstellung auch für sinnvoll.

Die Umgestaltung dieser bahnhofsnahen Gegend zu einem modernen Büro- und Geschäftsviertel hat jedoch vom Alten nichts mehr übriggelassen, so daß man auf den beiden Fotos vergleichende Orientierungspunkte vergeblich sucht.

Die Kriegsbergstraße wurde später auf die doppelte Breite erweitert. Die zum Bahnhof führenden Fahrstreifen verlaufen heute auf den Grundstücken der auf dem historischen Foto links sichtbaren, im Krieg weitgehend vernichteten Häuser.

Die Friedrichstraße, aus der gerade eine Straßenbahn in die Kriegsbergstraße einbiegt, nimmt jetzt einen völlig anderen Verlauf: Sie stößt mit sechs Fahrspuren direkt auf den Kiesinger-Platz vor dem Nordausgang des Hauptbahnhofs.

Blick in die Friedrichstraße (1902)

Seit dem Spätmittelalter war die spätere Friedrichstraße ein wichtiger aus der Stadt führender Verkehrsweg. Etwa zwischen der Litfaßsäule und dem einzeln am Trottoirrand stehenden Passanten befand sich bis 1810 das sogenannte »Seegassentor«, durch das man zum Unteren See, zum Kriegsberg und in Richtung Pragsattel gelangen konnte.

Der außerhalb der Stadtmauer anschließende Straßenverlauf – jenseits der querenden Schloßstraße – wurde erst nach der Erhebung Württembergs zum Königreich 1806 zur planmäßigen Bebauung freigegeben.

König Friedrich, dessen Namen die Straße bis heute trägt, wollte hier eine Achse schaffen, die sich im Erscheinungsbild grundlegend von der altertümlichen Altstadt unterscheiden und dem neuen Rang Stuttgarts als »königlicher« Residenzstadt Ausdruck verleihen sollte.

Gegen Ende des 19. Jahrhunderts, als eine ganze Reihe von Gebäuden dieser ersten Bauphase durch monumentale Neubaukomplexe ersetzt wurden, erhielt die Friedrichstraße einen geradezu mondänen Charakter.

Der eindrucksvolle Friedrichsbau an der Ecke zur Schloßstraße und das weiter hinten sichtbare kuppelgeschmückte Hotel Viktoria waren Paradebeispiele der Bauauffassung um 1900.

Wegen der Verbreiterung der Friedrichstraße zu einem sechsspurigen Teilabschnitt der Bundesstraße 27 wurde die gesamte nordwestliche Häuserzeile aufgegeben. In diesem Zusammenhang hat man 1955 auch den notdürftig wiederhergestellten Friedrichsbau abgetragen.

Die dem 1993 fertiggestellten Bau der L-Bank vorgelagerte Rotunde hat den Namen und die Varieté-Tradition des Friedrichsbaus wieder aufgenommen.

Die Schloßstraße (heute Bolzstraße) vom Königsbau aus (1910)

Die untere Schloßstraße war zeitweilig eine der verkehrsreichsten Gegenden der ganzen Stadt.

Hier stand seit 1846 der erste Stuttgarter Bahnhof, dessen Keimzelle noch heute in Gestalt des zweiten Hauses von rechts erhalten ist.

1863 bis 1867 wurde der Bahnhof beträchtlich erweitert, wozu eine ganze Anzahl von Häusern abgebrochen werden mußte. Von der damals errichteten Schalterhalle sind drei Fassagenbögen am Gebäude der Palast-Lichtspiele noch zu sehen.

Der Standort des Bahnhofs hatte zur Folge, daß sich in seiner Nähe zahlreiche Hotels niederließen. Ganz rechts sieht man noch eine Ecke des Hotels Marquardt und in der Mitte des Bildes den vorspringenden Bau des Hotels Royal.

Das symmetrisch aufgebaute Haus am linken Bildrand war die von Alexander Tritschler erbaute Hauptpost von 1871.

Der Friedrichsbau (im Hintergrund) mit seiner geschickt als Blickfang gestalteten Fassade beherbergte neben Wohn- und Geschäftsräumen das berühmte Varieté-Theater.

Zwar sind die Maßverhältnisse der Bolzstraße annähernd gleich geblieben, das Erscheinungsbild hat sich jedoch besonders in der linken Bildhälfte grundlegend verändert.

Blick in die obere Königstraße vom Olgabau aus (1907)

Die Anfänge der oberen Königstraße gehen mindestens auf das 13. Jahrhundert zurück, als hier der sogenannte »Große Graben« der Stadtbefestigung verlief. Seit um 1450 mit der Anlage der Oberen Vorstadt begonnen wurde und diese rund hundert Jahre später selbst von einer Mauer umgeben war, hatte der Große Graben seine Funktion als Verteidigungslinie verloren.

Nun konnte man die breite Schneise nach und nach als Verkehrweg herrichten.

Das älteste Gebäude der Königstraße dürfte das »Sicksche Haus« gewesen sein, das bis zum Beginn der zwanziger Jahre am Platz der heutigen Commerzbank stand. Unmittelbar vor dem Kanzleibogen gelegen, an dessen Stelle sich im Mittelalter das Tunzhofer Tor befunden hatte, wurde das Haus schon 1403 als im Besitz der württembergischen Gräfin Antonia befindlich erwähnt. Der Bankneubau von 1922/23 hat die Proportionen des Vorgängerbaus aufgenommen und glücklicherweise Zerstörung und Wiederaufbauzeit überlebt.

Auf der rechten Seite stehen in Folge der Königsbau, das Kronprinzenpalais, der Große Bazar, dann, etwas aus der Baulinie vorspringend, das Cotta-Haus und dahinter die Neue Kanzlei.

Nur der Königsbau und die Neue Kanzlei findet man heute noch, auf den anderen Grundstücken könnte die Veränderung kaum krasser sein.

Ganz am Ende der Königstraße fällt auf, daß dort weder die Legionskaserne noch der Wilhelmsbau zu sehen sind, sondern das Schaller-Haus an der Ekke Marien-/Kleine Königstraße. Der Abbruch der Legionskaserne war am 11. Dezember 1906 vollzogen, die Grundsteinlegung für den Wilhelmsbau hat jedoch erst ein Jahr später stattgefunden, daher der freie Blick in die Marienstraße hinein.

Der Wandel des Straßenraums als öffentliche Fläche wird bei diesen beiden Bildern besonders deutlich: Einst war die Königstraße ein von Architektur eingefaßter Raum für Fußgänger, Straßenbahn und Autos gleichermaßen – heute gehört die Straße ausschließlich den Passanten, deren Blick auf die Schaufenster gelenkt wird, weil sich das Übrige der Häuser erst über den Bäumen zeigt.

Königstraße – Warenhaus Tietz (1909)

Der 1905 eingeweihte Neubau des Kaufhauses Hermann Tietz (später »Union«, heute Hertie) wurde nach Plänen der Architektengemeinschaft Bihl und Wolz errichtet. Er wurde seinerzeit als wertvolle Bereicherung der Königstraße gerühmt, wo »Form und Farben der Fassaden ... eine eindrucksvolle Wirkung« erzeugen.

Doch schon Ende der zwanziger Jahre war das Gebäude zu klein, und es wurde eine Erweiterung unter modernen Gesichtspunkten mit einer zum Hochhaus entwickelten Ecklösung an der Schulstraße ins Auge gefaßt.

Damals aus Gründen der Stadtbilderhaltung von den Behörden nicht genehmigt, wurde der alte Entwurf nach dem Zweiten Weltkrieg – in der Höhe zwar etwas reduziert, jedoch sonst nur wenig verändert – verwirklicht. Der verantwortliche Architekt war in beiden Fällen Richard Döcker.

Bei der Einweihung des Neubaus im Februar 1953 schrieb eine Stuttgarter Zeitung, das Haus sei »ein modernes, großstädtisches Gebäude, das der Königstraße wohl ansteht.«

Die obere Königstraße von der Legionskaserne beziehungsweise vom Wilhelmsbau aus (1909)

Besonders die obere Hälfte der insgesamt 1,2 Kilometer langen Königstraße war seit jeher eine der Hauptachsen der Stadt.

Ursprünglich auf den eingeebneten Befestigungsanlagen der Kernstadt des 13. Jahrhunderts entstanden, wurde die nördliche Straßenseite (links) seit etwa 1450 bebaut.

Die gegenüberliegende Häuserzeile kam erst im ausgehenden 18. und dann vor allem im 19. Jahrhundert hinzu, als man die im ehemaligen Graben gelegenen Schrebergärten zur Bebauung freigab.

Der lebhafte Passantenverkehr und die zum Schutz der Schaufensterauslagen ausgeklappten Markisen bestimmen das Straßenbild und sind ein Zeichen für die hohe Geschäftsdichte und deren Attraktivität.

Die Rundung des »Kleinen Bazars« (rechts), eines 1761 errichteten Wohn- und Geschäftshauses, wurde im Erdgeschoß des Neubaus wiederaufgenommen, aus dem sich blockhaft ein Hochhaus erhebt.

Einzig das links ins Bild ragende Eckgebäude mit rundem Erkervorsprung hat die Zeiten überdauert, allerdings mit Veränderungen.

Blick in die Gartenstraße – heute Fritz-Elsas-Straße (1906)

Die Gartenstraße war die westlichste der alten Straßen innerhalb des von der Stadtmauer umfriedeten Gebiets.

Etwa 250 Jahre lang führte sie als einfacher Weg in Richtung »Bollwerk« durch Obst- und Gemüsegärten, weil das Bevölkerungswachstum Stuttgarts – bedingt durch Seuchen und Kriege – immer wieder Rückschläge erlitten hat und die Stadt sich daher nicht in dem erwarteten Ausmaß entwickeln konnte. Erst seit dem frühen 18. Jahrhundert sind in dieser Gegend vereinzelt Häuser entstanden, eine auf beiden Seiten der Straße geschlossene Bebauung war schließlich um 1800 erreicht. Das kleine Häuschen am linken Bildrand trägt die Nummer 7 und stammt noch aus der Zeit vor 1800. Das benachbarte Gebäude von 1870 wurde 15 Jahre später aufgestockt und ist das Beispiel einer neuen Generation. Daran anschließend fällt eine symmetrische Dreiergruppe auf, die 1837 als Sitz des Landjägercorps erbaut wurde.

Weiter oben gab es barocke Palais, die, einst in großen Gärten errichtet, nach und nach von Bürgerhäusern umgeben wurden.

Nach dem Zweiten Weltkrieg hat man auf die linke Häuserzeile völlig verzichtet und die nach Fritz Elsas benannte Straße um ein Mehrfaches verbreitert.

Sie wird heute vom »Treffpunkt Rotebühlplatz« begrenzt. Die rechten Grundstücksgrenzen blieben dagegen erhalten.

Rotebühlstraße (1909)

In der Mitte des historischen Fotos, etwa an der Stelle des Straßenbahnwagens, war früher Stuttgart zu Ende. Dort stand über mehr als drei Jahrhunderte das sogenannte »Rotebildtor«, von dem sich sprachlich noch die heutige Bezeichnung »Rotebühlstraße« ableitet.

Das Tor war um 1465 errichtet und 150 Jahre später durch Heinrich Schickhardt erweitert worden. Hier wurde die Hauptausfallstraße kontrolliert, die aus der Stadt nach Westen ins Gäu, zum Schwarzwald und in die Rheinebene führte.

Als dann nach 1827 der riesige dreiflügelige Bau der Rotebühlkaserne begonnen wurde, hatten die Stadttore und die Befestigungsanlagen ihre eigentliche Funktion schon längst verloren. Daher wurde der südwestliche und hier im Bild links sichtbare Seitenflügel der Kaserne über der alten Stadtmauer errichtet und in diesem Zusammenhang 1836 das Rotebildtor abgebrochen.

Die rechts im Bild einmündende Paulinenstraße zeichnete bis weit in die Nachkriegszeit hinein den einstigen Verlauf der Ummauerung nach. Inzwischen haben sich die Straßenverhältnisse in diesem Bereich tiefgreifend verändert.

Die Eberhardstraße (1909)

Die links sichtbaren Gebäude waren bedeutende Zeugnisse der zwischen 1906 und 1909 erfolgten Altstadtsanierung. Sie sind nach Plänen der Architekten Hengerer, Mehlin und Reißing entstanden.

Die drei Giebelhäuser Eberhardstraße 16, 18 und 20 wurden 1969 von der Horten AG aufgekauft und wenig später zur Erweiterung des Kaufhauses abgebrochen. Dabei ist auch das traditionsreiche Café Talmon-Gros modernen Geschäftsinteressen gewichen.

Auch die Häuser auf der rechten Straßenseite hatten den Zweiten Weltkrieg überstanden.

Seit dem Abbruch des sogenannten Feilschen Hauses (auf der historischen Abbildung ganz rechts) im Jahre 1968 steht das Giebelhaus Eberhardstraße 53, in dem 1770 der Philosoph Georg Wilhelm Friedrich Hegel geboren wurde, frei an der Ecke zur Torstraße.

Es fällt ferner auf, daß der erst 1911 anstelle der Häuser Eberhardstraße 47 und 49 errichtete sogenannte »Schillerbau« nur auf der modernen Abbildung zu sehen ist (über das Hegelhaus hinausragend).

Die Eberhardstraße zeichnet noch heute in ihrem Verlauf den einstigen »Kleinen Graben« nach, der ein wesentlicher Bestandteil der Stadtbefestigung des 13. Jahrhunderts war. Zusammen mit dem »Großen Graben« (Königstraße) und dem Bezirk um das Alte Schloß begrenzte er die ursprüngliche Stadt.

Die Tübinger Straße mit dem Café Reichshof (1905)

Der zwischen Christoph- und Sophienstraße verlaufende Abschnitt der Tübinger Straße ist das letzte innerstädtische Straßenstück, dessen Erscheinungsbild einen Eindruck vom alten Stuttgart zu vermitteln vermag.

Wenn auch die Sokkelgeschosse heute überwiegend durch großflächige Schaufenster beherrscht werden, so haben sich doch die Fassaden der beiden auf dem historischen Foto rechts und links im Vordergrund sichtbaren Gebäude nur wenig verändert.

Das linke Haus mit der Nummer 18 hat durch die Gliederung seiner Fassade in einen Mittelrisalit und zwei schmalere Seitenrisalite einen großzügigen, ja beinahe palaisartigen Charakter. Es wurde 1819 errichtet und 1887 in seiner noch erhaltenen Form umgebaut.

Das Restaurant/Café Reichshof auf der gegenüberliegenden Straßenseite ist 1899 auf dem Gelände der ersten Stuttgarter Brauerei entstanden, die 1715 von Johann Wagner vor dem Seeltor auf freiem Feld gegründet worden war.

Nach dem Zweiten Weltkrieg wurde hier zunächst das Varietétheater »Dutch Windmill« betrieben, ab Herbst 1947 hatte die internationale Künstlervereinigung »Der Kreis« in diesem Haus ihren Sitz, und ab Juni 1948 war hier die

»Mausefalle« untergebracht, ein weit über Stuttgart hinaus bekanntes Kabarett unter der Leitung von Werner Finck, in dem ab 1952 auch Theaterstücke aufgeführt wurden.

Auf der historischen Abbildung erblickt man ganz hinten das Haus Königstraße 51 von 1811 mit seiner 1876 modernisierten Fassade.

Unmittelbar davor, am Beginn der Tübinger Straße, stand bis 1818 das Seeltor. Etwa an dieser Stelle sieht man auf beiden Bildern das Eckhaus zur Eberhardstraße mit seinem interessanten Dachaufbau.

Bis zur Eröffnung des U-Bahn-Tunnels unter der Hauptstätter Straße im Jahre 1971 fuhren die Straßenbahnen zweigleisig durch die Tübinger Straße in Richtung Heslach und Vaihingen.

Das »Lindle« – heute Österreichischer Platz (1905)

An der Stelle des Österreichischen Platzes befand sich früher das »Lindle«, eine platzartige Lindenanlage vor dem Tübinger Tor, deren Ursprung der Überlieferung nach im 16. Jahrhundert liegen soll.

An diesem grünen Platz baute der Architekt Karl Hengerer 1895 ein eindrucksvolles Wohn- und Geschäftshaus, den sogenannten »Lindenhof«. Er ist 1944 ausgebrannt; seine bis zum Dachgesims erhaltene Ruine wurde später abgetragen.

Die äußere Hauptstätter Straße zwischen Wilhelmsplatz und »Lindle« wurde in der ersten Hälfte des 19. Jahrhunderts bebaut.

Im Zweiten Weltkrieg überwiegend nur wenig in Mitleidenschaft gezogen, hat die gesamte linke Häuserzeile in den sechziger Jahren dem Bau von Stadtautobahn und U-Bahn-Tunnel weichen müssen. Der Straßenraum ist heute beträchtlich aufgeweitet und teilweise bis zu zehn Fahrspuren breit.

Der 1957 so benannte Österreichische Platz wurde bis 1960 zum Kreisverkehr ausgebaut, der einige Meter über dem ursprünglichen Straßenniveau liegt.

Seit einiger Zeit macht sich allenthalben ein Unbehagen über die Betonverkehrsinsel breit, jedoch fehlen Mut und Geld, hier Grundlegendes zu verändern.

Wilhelmsplatz (1909)

Fast alle auf dem historischen Foto zu sehenden Häuser sind noch vorhanden – eine große Besonderheit in der Innenstadt von Stuttgart.

Nur der 1901 beim Neubau des Rathauses auf den Wilhelmsplatz versetzte Marktbrunnen steht seit 1974 wieder auf dem Marktplatz.

Rechts führt die Katharinenstraße in Richtung Schellenturm. Sie zeichnet den Stadtmauerverlauf um die Esslinger Vorstadt nach, und noch immer bergen einige der Gebäude auf der linken Straßenseite diese Mauer in sich.

Der Turm der Leonhardskirche – sichtbar durch die Leonhardstraße – tritt auch in unseren Tagen noch ins Bild.

Auf dem aktuellen Foto ist das Kirchenschiff durch das hoch aufragende Dach des 1912 errichteten Gustav-Siegle-Hauses verdeckt.

Erst 1991 wurde das aus dem Jahre 1831 unversehrt erhaltene Haus Wilhelmsplatz 7 (rechts) abgerissen und durch einen Neubau ersetzt, der die alten Proportionen wieder aufgenommen hat.

Kaum mehr vorstellbar erscheint uns heute der Hinweis, daß der Wilhelmsplatz über fast 300 Jahre hinweg als öffentlicher Hinrichtungsplatz von Stuttgart gedient hat.

Die Hauptstätter Straße (1905)

Kurz vor 1400 als Straßenmarkt nach dem Vorbild des um ein Vielfaches größeren Prager Wenzelsplatzes angelegt, erfüllte die Hauptstätter Straße diese Funktion mehr als 500 Jahre lang bis in unser Jahrhundert.

Von hier aus gingen die Botenfuhrwerke in regelmäßigem Verkehr in die Städte und Dörfer Süddeutschlands ab.

Der links vorne sichtbare Sigmund-Brunnen an der Einmündung der Jakobstraße diente vielerlei Zwecken, vor allem aber zur Tränkung der Zugpferde. Er mußte dem U-Bahn-Bau weichen und steht seit 1974 auf dem Wilhelmsplatz.

Einzig die linke Häuserzeile hat Krieg und Nachkriegszeit, zusammen mit dem dahinterliegenden Leonhardsviertel, nahezu unbeschadet überstanden. Die rechte Platzbegrenzung wurde schon 1944 restlos dem Erdboden gleichgemacht.

Die »Uhlandsche Apotheke«, die am Ende des Straßenmarktes von rechts hereinragt, war ein von Hofbaumeister Thouret errichtetes, architekturgeschichtlich bemerkenswertes Haus. Ebenfalls erhalten geblieben, wurde es zusammen mit einer ganzen Anzahl anschließender Gebäude 1963 dem Durchbruch der Bundesstraße 14 geopfert.

Seither sind die gewachsenen Strukturen der Hauptstätter Straße nicht mehr ablesbar und ihr Gelände zu einem Teilstück der Stadtautobahn degradiert.

Das jüngste Opfer ständiger Stadtbilderneuerung wurde 1992 das im Hintergrund über alles hinausragende Gebäude der Württembergischen Bibelanstalt von 1836. Unmittelbar davor ragt heute das Herold-Hochhaus in den Himmel.

Leonhardsplatz (1906)

Früher war die Leonhardskirche von Wohnhäusern umgeben, heute hingegen dominieren Autos. Unmittelbar benachbart hat das Parkhaus Züblin nach dem Zweiten Weltkrieg das auf dem historischen Foto gerade im Rohbau fertiggestellte und seine Nachbarschaft weit überragende Haus Leonhardsplatz 10 sowie eine ganze Reihe rechts daran anschließender Gebäude ersetzt. Die Bundesstraße 14, die sich im Vordergrund durch das Bild zieht, scheint die Kirche in die Rolle eines Statisten drängen zu wollen, und tatsächlich meiden Fußgänger gewöhnlich ihre Umgebung – zu unangenehm ist der nie abreißende Verkehrsstrom. Die sich hinter der »Leonhards-Apotheke« und der »Wirtschaft zum Rad« hinziehende Häuserzeile wurde nach der Zerstörung ganz aufgegeben und die Fläche grünem Buschwerk überlassen. Zwischen dem hohen Haus und der »Wirtschaft zum Rad«

links davon führte damals die Pfarrstraße, einer der malerischsten Winkel der Stadt, zur Katharinenstraße. Auf die ganz links einmündende Brunnenstraße wurde 1958 die Bezeichnung »Pfarrstraße« übertragen, nachdem die alte Straße dieses Namens zu einem wenig begangenen Fußweg herabgestuft worden war.
Der im Vordergrund stehende »Nachtwächterbrunnen« von Adolf Fremd und Heinrich Halmhuber aus dem Jahre 1900 mußte seinen Platz räumen und befindet sich nun in der Grünanlage neben dem Parkhaus. Einzig die Kreuzigungsgruppe, der letzte Rest des kurz vor 1800 geschlossenen Leonhardskirchhofs, hat seinen Standort behalten. Immer wieder durch eine neue Kopie ersetzt, steht das Original dieses hochbedeutenden gotischen Kunstwerks von Hans Seyffer heute im Chor der Hospitalkirche.
Bemerkenswert, da nicht auf den ersten Blick erkennbar, sind auch die Vereinfachungen an den Chorstrebepfeilern der Leonhardskirche, wo heute die baldachinbekrönten Apostelfiguren des 19. Jahrhunderts fehlen.

Die Esslinger Straße mit Blick zum Charlottenplatz (1905)

Seit der Anlage der Esslinger Vorstadt im ausgehenden 14. Jahrhundert war die Esslinger Straße einer der wichtigsten Verkehrswege der Stadt.

Schon 1472 wird sie erstmals urkundlich erwähnt. Vom Marktplatz und der Hauptstätter Straße verlief der gesamte Personen- und Warenverkehr hier hindurch zum »Äußeren Esslinger Tor« und dann auf freiem Feld weiter ins obere Neckartal beziehungsweise über die Schwäbische Alb nach Ulm.

Das mächtige, palaisartige Kriegsministerium am Charlottenplatz im Hintergrund wurde 1811 unmittelbar vor der Stadtmauer errichtet, nachdem man schon fünf Jahre vorher das Tor abgebrochen und die Steine zum Bau des Königtores wiederverwendet hatte.

Die Giebelhäuser stammten überwiegend aus dem 16. und 17. Jahrhundert.

Ein Inschriftstein an dem etwas höheren rechten Eckgebäude jenseits der im Vordergrund querenden Rosenstraße zeigte die Jahreszahl 1572.

Dort befand sich auch ein ursprünglich aus der Stiftskirche stammender Gewölbeschlußstein mit der Darstellung der Kaiserin Helena. Er wurde nach dem Zweiten Weltkrieg im Apostelltor der Kirche wieder eingemauert.

In den fünfziger Jahren wurden die letzten erhaltenen Häuser der Esslinger Straße abgerissen und durch Neubauten ersetzt. Die linke Straßenzeile wurde völlig aufgegeben und nicht mehr bebaut.

Blick vom Hotel Silber auf den Charlottenplatz (1909)

Während der Name »Charlottenplatz« früher einen fast quadratischen, heimeligen Platz bezeichnet hat, beschränkt sich die Benennung heute ausschließlich auf die Kreuzung zweier Bundesstraßen mit unterirdischen Stadtbahnstationen.

Der größte Teil der Fläche zwischen dem Waisenhaus und dem stattlichen Gebäude in Bildmitte, das von 1817 bis 1915 das Württembergische Kriegsministerium beherbergt hat, war eine baumbestandene Ruhezone im damals noch sehr bescheidenen Verkehr.

Hier fand regelmäßig der »Häfelesmarkt« statt, wo Tassen, Schüsseln und andere Tonwaren angeboten wurden, und in der Mitte der Anlage stand ein nach Plänen von Hofbaumeister Nikolaus von Thouret gegossener Brunnen von 1812.

Bis in die fünfziger Jahre hinein änderte sich an dieser Situation wenig, wenn auch zahlreiche Häuser der Umgebung in Schutt und Asche gesunken waren.

Erst die Vorbereitungen zum Bau dieses größten innerstädtischen Verkehrsknotenpunktes ließen die kleine Insel verschwinden. Der Brunnen, der damals zur Wiederaufstellung eingelagert wurde, ist inzwischen unauffindbar.

Die am rechten Bildrand sichtbare Kanalstraße lag unmittelbar innerhalb der Stadtmauer.

Das »Äußere Esslinger Tor«, durch das Friedrich Schiller am 22. September 1782 nach Mannheim geflohen ist, stand anstelle des Anbaus rechts des Kriegsministeriums. Heute erhebt sich dort das sogenannte Schwaben-Bräu-Hochhaus.

Die Südseite des Charlottenplatzes (1909)

Einstmals war der Charlottenplatz auf drei Seiten geschlossen. Die hier sichtbare Häuserzeile begrenzte ihn nach Süden.

Die malerischen Gebäude mit den unübersehbaren Werbeaufschriften standen ursprünglich unmittelbar innerhalb der Stadtmauer und daher im Verlauf von Kanal- und Lederstraße, also quer über die heutige Bundesstraße 14.

Erst kurz vor 1800 wurde die alte Mauer abgebrochen und der Platz zwischen Waisenhaus und Esslinger Tor zu dieser Häuserreihe hin geöffnet.

Die Benennung erfolgte 1811 zu Ehren der ersten Gemahlin des damaligen Kronprinzen und späteren Königs Wilhelm von Württemberg, Charlotte v. Bayern (1792–1873).

Nicht alle Gebäude waren bis zum Zweiten Weltkrieg erhalten, denn bereits 1938/39 hatte man die beiden rechten Häuser zur Verbreiterung der Holzstraße abgebrochen.

Im Rahmen einer von den Nationalsozialisten betriebenen Verkehrsplanung sollte die Holzstraße Teil eines großen, um das Zentrum herumführenden Straßenrings werden.

Die Aufweitung der Holzstraße war nur der Anfang einer noch viel gigantischeren Straßenführung in unserer Zeit, deren Ergebnis keinerlei Anhaltspunkte für den Vergleich mit früher mehr übriggelassen hat.

Neckarstraße mit Bürgerhalle (1906)

Jenes Teilstück der alten Neckarstraße, das heute den Namen »Willy-Brandt-Straße« trägt, war eine der vornehmsten Adressen der Stadt. Hier wohnt der Hochadel, darunter einige Mitglieder der Königlichen Familie, namhafte Künstler sowie andere prominente Bürger.

Das fünfte, etwas höhere Haus auf der rechten Straßenseite mit der Nummer 68 war 1864 als Sitz der Österreichischen Gesandtschaft errichtet worden. Hier ist am ersten Märztag des Jahres 1868 Sophie Gräfin Chotek zur Welt gekommen, die am 28. Juni 1914 zusammen mit ihrem Gemahl, dem österreichischen Thronfolger Erzherzog Franz Ferdinand, in Sarajewo dem für Europa so folgenschweren Attentat zum Opfer gefallen ist. Später gehörte das Haus den Herzögen von Urach, und bis zuletzt waren die »Orientalischen Räume« sowie die diesbezügliche Sammlung des Fürsten Karl von Urach eine besondere Sehenswürdigkeit in der Stadt.

Besonders ins Auge fällt auf der historischen Aufnahme die »Bürgerhalle« der Brauerei Wulle auf der rechten Straßenseite. Sie war das einzige Gebäude, das unmittelbar vor der Jahrhundertwende in neuem Stil in das sonst einheitliche, dreißig Jahre ältere Straßenbild eingefügt wurde.

Nach dem Ende der Brauerei hat man 1973 die »Bürgerhalle« zusammen mit den übrigen Bauten auf dem Werksgelände beseitigt. Es dauerte dann noch fünfzehn Jahre, bis an dieser Stelle das Hotel Intercontinental eröffnet werden sollte.

Verglichen mit der Altstadt und der Gegend um die Hegelstraße war die Neckarstraße nur punktuell zerstört worden. Dennoch wird sie in wenigen Jahren aus Verkehrs- und anderen Gründen ihre Altbausubstanz nahezu vollkommen eingebüßt haben, da die letzte Häuserreihe – obwohl unter Denkmalschutz stehend – zum Abbruch freigegeben ist.

Blick vom Neckartor in die Neckarstraße (1906)

Der Platz, wo Kernerstraße, Schubartstraße und Cannstatter Straße auf die Neckarstraße treffen, war bis 1936 offiziell namenlos.

Als in den sechziger Jahren des 19. Jahrhunderts jener Teil der Neckarstraße, der heute Willy-Brandt-Straße heißt, bebaut wurde, hat man das Cannstatter Tor von der Höhe der Staatsgalerie zu der hier abgebildeten Kreuzung verlegt. Es dauerte jedoch gerade mal 20 Jahre, bis die Straße wiederum so weit gewachsen war, daß eine Verlegung des Torhäuschens notwendig wurde.

Bis zu seinem Abbruch in den sechziger Jahren des 20. Jahrhunderts stand es auf dem Grundstück Nummer 182. Weil das Tor an der Neckarstraße stand, wurde besagter Platz in der Bevölkerung bald »Am Neckartor« genannt. Noch viele Jahrzehnte sind vergangen, bis diese Bezeichnung endlich im amtlichen Stadtplan seinen Niederschlag gefunden hat.

Die Gebäude auf der linken Straßenseite sind ausnahmslos in den siebziger Jahren des 19. Jahrhunderts entstanden, das stattliche Eckhaus mit der Nummer 107 ganz links am Bildrand genau 1873.

Der spitze Bau zwischen Neckar- und Schubartstraße wurde 1893 zusammen mit der gesamten Häuserzeile bis zur Friedenstraße errichtet, die Häuser weiter abwärts bei der Einmündung der Urbanstraße waren dagegen wiederum zwei Jahrzehnte älter.

Auf dem alten Bild erkennt man rechts, vor dem von 1891 stammenden, leicht eingewölbten Gebäude, den Brunnen mit der Quellnymphe Johann Heinrich Danneckers. Sie wurde 1876 an dieser Stelle aufgestellt. Seit 1949 befindet sich die Figur im Städtischen Lapidarium; eine Kopie wurde zur Bundesgartenschau 1977 für einen Platz in den Unteren Anlagen neben der Platanen-Allee angefertigt.

Durch die sechsspurige Bundesstraße 14, die über diesen Platz in die Cannstatter Straße führt, ist das Neckartor zur Verkehrsdrehscheibe mit darunterliegender Stadtbahn-Haltestelle degradiert worden.
Die hier in jüngster Zeit entstandene »moderne« Architektur ist dieser Funktion durchaus angemessen und vermag den negativen Gesamteindruck nicht zum Besseren zu verändern.

Der Kernerplatz (1908)

Der Kernerplatz, an dem sich Landhaus-, Urban- und Kernerstraße kreuzen, wurde erst 1898 offiziell so benannt, obwohl fast alle hier auf dem Bild sichtbaren Häuser bereits bezogen waren.

Die gesamte rechte Häuserzeile der Urbanstraße, hinter welcher der Turm der Friedenskirche hervorschaut, ist bereits in den achtziger Jahren entstanden, die linke Seite der berganführenden Landhausstraße dagegen erst ein Jahrzehnt später.

Das bedeutendste Haus am Kernerplatz war und ist das Gebäude links im Zwickel von Kerner- und Urbanstraße. Es stammt von 1894 und zeigt in seiner Fassade die Büste des namengebenden Dichters Justinus Kerner. Obwohl der Bau stark verändert wiederhergestellt wurde, blieb das Kerner-Bild bis heute erhalten.

Kurios erscheint uns heute die turmartige Telefonsäule von 1897. Das erste Stuttgarter Telefonnetz wurde 1882 für anfangs nur 75 Teilnehmer eingerichtet. Gegen Ende des Jahrhunderts waren im Stadtgebiet bereits 11,3 km unterirdische und 94,7 km oberirdische Telefonkabelstrecken verlegt.

Der Verteiler am Kernerplatz bündelte die Hausanschlüsse der Nachbarschaft, deren technische Anlagen in Gestalt von Gitteraufbauten auf den Dächern ebenfalls im Bild sichtbar sind.

Der Kernerplatz ist heute eine moderne Platzanlage, deren Charakter jedoch ganz entschieden von einer im Juni 1990 aufgestellten 17 Meter hohen Stahlplastik des Rottweiler Bildhauers Erich Hauser bestimmt wird.

Der Ostendplatz (1907)

Die »Kolonie Ostheim« ist in ihrer Gesamtheit weitgehend erhalten geblieben.

Um den unteren Bevölkerungsschichten, die im Stuttgarter Zentrum unter teilweise völlig unhaltbaren hygienischen Verhältnissen lebten, bessere Lebensbedingungen zu schaffen, hat der »Verein für das Wohl der arbeitenden Klassen« 1891 weit draußen in freier Landschaft östlich der Uhlandshöhe mit dem Bau einer Siedlung begonnen.

Der Vorsitzende des Vereins, Hofrat Eduard Pfeiffer, hatte vorher eine Befragung der Betroffenen durchführen lassen, so daß die Haus- und Grundstücksgrößen weitgehend dem tatsächlichen Bedarf angepaßt werden konnten.
Bereits nach neun Monaten waren 45 Häuser bezugsfertig, die bald mehr als 700 Menschen Wohnung boten.

Auf der alten Abbildung fährt eine Straßenbahn den Kanonenweg – seit 1946 Haußmannstraße – bergan, eine Strecke, die heute von der Buslinie 42 befahren wird.

Etwas von der Landhausstraße zurückversetzt steht die Lukaskirche, deren 60 Meter hoher Turm hier sichtbar wird. Nach Plänen der Architekten Wittmann und Stahl erbaut, konnte die Kirche 1899 durch König Wilhelm II. für die Bevölkerung eingeweiht werden.

Der Ostendplatz mit der im Vordergrund querenden Ostendstraße ist heute der geschäftliche und verkehrsmäßige Mittelpunkt des Stuttgarter Ostens.

Damals wie heute zeichnet sich das Viertel durch seine geschlossenen Platzanlagen aus, was eine ganz besondere Atmosphäre vermittelt.

Nills »Zoologischer Garten« am Herdweg (1903)

Im Jahre 1871 hatte Johannes Nill draußen vor der Stadt beim Herdweg einen Tiergarten eröffnet, der sich bald großen Zuspruchs erfreute.

Immer wieder mußte das Gelände zwischen der Azenberg- und der Wiederholdstraße beträchtlich erweitert werden, so daß schließlich über 500 Tiere gehalten werden konnten. Der Sohn des Gründers, Tierarzt Adolf Nill, legte 1898 am Herdweg einen neuen Eingang an und errichtete das auf unserem Bild sichtbare Gaststättengebäude mit Konzertsaal.

Die Beliebtheit des Nillschen Tiergartens reichte weit über die Stadtgrenzen hinaus und kann durchaus mit der »Wilhelma« in Vergleich gesetzt werden.

1905 wurde das ganze Gelände vom Staat für über eine Million Mark angekauft und der »Zoologische Garten« im Jahr darauf am 1. April geschlossen.

An seiner Stelle errichtete man später Neubauten für das Physikalische Institut und das Medizinalkollegium.

Auf unserer Abbildung fährt eine Straßenbahn den Herdweg aufwärts. Links verläuft im spitzen Winkel die Azenbergstraße bergan, und rechts blickt man durch die Wiederholdstraße auf die noch unbebauten Hänge des Kriegsbergs.

Die Ecke Hölderlinstraße/ Hegelstraße (1906)

Nimmt man exakt den Standpunkt ein, von dem aus im Jahr 1906 das Foto aufgenommen wurde, blickt man heute direkt in die Krone eines Straßenbaumes. Das aktuelle Bild weist deshalb eine etwas andere Perspektive auf.

Außer dem inzwischen völlig veränderten Turm der Gedächtniskirche hat der Betrachter der beiden Abbildungen für einen Vergleich keine Orientierungspunkte.

Die hier sichtbaren Häuser sind überwiegend in der Zeit zwischen 1890 und 1905 entstanden, so das eindrucksvolle Eckhaus in der Mitte 1898, das Gebäude am rechten Bildrand 1903 und die links vor der Gedächtniskirche sich befindenden Häuser 1895/96. Ähnlich wie weite Teile des Stuttgarter Westens und Südens hatte auch diese Gegend ein einheitliches »wilhelminisches« Erscheinungsbild.

Im Zweiten Weltkrieg erlebte der Bereich zwischen Hölderlinstraße, Hegelstraße und Rosenbergstraße Zerstörungen in einem nur mit wenigen weiteren Stellen vergleichbaren Ausmaß.

Nachdem wie überall immer wieder punktuell Bombeneinschläge zu verzeichnen waren, brachte der 27. Angriff am späten Abend des 12. September 1944 das Ende dieses Stadtviertels. Ein ungeheurer Feuersturm vernichtete alles, was bisher noch unversehrt geblieben war.

An die tausend Tote waren zu beklagen, in einem Schutzbunker bei der Russischen Kirche starben allein etwa 130 Personen.

Die Garnisonskirche (1902)

Die Garnisonskirche war ein in seinen Grundmaßen zwar kleiner, aber wegen seiner Doppelturmfassade und dem mit einem 60 Meter hohen Vierungsturm bekrönten Querhaus dennoch eindrucksvoller Bau. Architekt Conrad Dollinger, nach dessen Entwurf die Kirche zwischen 1875 und 1879 entstanden ist, hatte vor allem die rheinische Romanik zum stilistischen Vorbild genommen. Bis zur Auflösung der Stuttgarter Garnison war die Garnisonskirche das Gotteshaus für die hier diensttuenden Soldaten, seit 1920 gehörte sie als zweite Predigtkirche zur Hospitalkirchengemeinde. Ganz rechts erkennt man gerade noch eine Ecke des Realgymnasiums, das in den Jahren 1878 bis 1881 gebaut und später nach seinem Gründer Dillmann-Gymnasium genannt wurde. Bei dem mit einer kleinen Kuppel geschmückten Rundbau handelt es sich um das sogenannte »Panorama« von 1889, in dem in ständigem Wechsel Wandbilder und vollplastische Dioramen in Lebensgröße gezeigt wurden. Ähnliche Bauten gab es in vielen Städten, sie sind jedoch außer in Luzern überall wieder verschwunden. Auch

das Stuttgarter »Panorama« wurde 1904 beseitigt und an seiner Stelle eine kleine Grünanlage mit See geschaffen. Links davon sieht man schließlich noch einen Teil des sich gerade im Bau befindlichen Eberhard-Ludwig-Gymnasiums.

Im Zweiten Weltkrieg war der gesamte Bereich um die Garnisonskirche schwer zerstört worden. Alle Gebäude waren ausgebrannt, jedoch blieben die meisten Ruinen bis auf Dachgesimshöhe erhalten. In der Garnisonskirche, die am wenigsten gelitten hatte, konnte man sogar noch die meisten Fresken im Kirchenschiff erkennen.
Heute sucht man vergeblich nach der geringsten Spur der Vergangenheit.
Nicht nur die beiden Gymnasiumsbauten wurden abgetragen, auch die Kirche war nutzlos geworden, weil die Gegend um die Hospitalkirche nicht mehr als Wohngebiet erstehen sollte und deshalb keine zwei Gemeindekirchen notwendig waren. Kurz vor Weihnachten 1951 wurde die Garnisonskirche gesprengt. An ihrer Stelle stehen heute Autos, das Eberhard-Ludwigs-Gymnasium hat Platz gemacht für das Max-Kade-Haus mit der Mensa, und am Platz des Dillmann-Gymnasiums befindet sich jetzt das Uhrentechnische Institut der Universität.

Die erste Liederhalle (1902)

Der von Christian Leins 1863/64 erbaute Eingangsbereich der alten Liederhalle mußte bereits nach vier Jahrzehnten einem Neubau weichen (siehe Seite 78).

Der dahinter liegende Festsaal von 1875 mit seinen dreitausend Plätzen machte die Liederhalle nicht nur zu einem der größten, sondern auch zu einem der schönsten Konzerthäuser seiner Zeit in Europa.

Im Zweiten Weltkrieg brannte die Liederhalle völlig aus. Doch der Nachfolgebau von Adolf Abel und Rolf Gutbrod aus den Jahren 1955/56 kann dieselben Superlative für sich in Anspruch nehmen wie die alte Liederhalle. Sein Grundriß hat die Form eines Konzertflügels.

Links der Liederhalle erkennt man auf dem historischen Foto das mit seiner Kuppel ganz orientalisch anmutende erste Schwimmbad der Stadt von 1889, das sogenannte »Büchsenbad«. Das Damenbad war wegen seiner in »maurisch-tunesischem Stil« gehaltenen Architektur eine Sehenswürdigkeit.

Die Architekten Wittmann und Stahl zeichneten für den Bau verantwortlich, die Ausmalung besorgte der Münchner Maler Max Bredt. Die Anlage wurde 1944 völlig zerstört.

Während die Büchsenstraße als Durchgangsstraße erhalten blieb, wurde die auf dem historischen Foto rechts sichtbare Breitscheidstraße nach dem Bau des Kongreßzentrums zur Fußgängerzone umgestaltet und die an der Einmündung neu entstandene Freifläche zum »Platz der Deutschen Einheit« erhoben.

Büchsenstraße und Liederhalle (1907)

Innerstädtischer Strukturwandel und die damit einhergehende Veränderung des Stadtbildes sind im Bereich der Liederhalle besonders tiefgreifend spürbar. Handelte es sich früher nach Funktion und Erscheinungsbild um belebte Innenstadt mit einer bunten Mischung aus Gasthäusern, Läden, Büros und Kultureinrichtungen, so herrscht heute Eintönigkeit, die man eher am Stadtrand vermuten würde.

Außer der 1956 eingeweihten Liederhalle mit dem nur wenige Jahre alten, hochmodernen Kongreßzentrum, dem Studentenwohnheim »Max-Kade-Haus« und dem Landesvermessungsamt rechts gibt es heute nichts mehr.

Früher dagegen befanden sich in dem 1871/72 erbauten abgerundeten Eckgebäude Büchsenstraße 52/54 über einem Kolonialwarenladen Wohnungen.

Hier lebte zu Beginn unseres Jahrhunderts im dritten Stock für einige Zeit der bekannte Architekt Karl Weigle. Später wurde das Haus zum Sitz des Kameralamts, des Statistischen Landesamts und der Geologischen Abteilung der Meteorologischen Zentralstation. Damit war ein erster Funktionswandel vollzogen.

Das linke Gebäude mit dem markanten Giebeldach ist 1907 nach einem Entwurf der Architekten Hummel und Förstner als Gesellschaftshaus der Architektenzunft »Bauhütte« entstanden. Hier befand sich im Erdgeschoß die Kleinkunstbühne »Excelsior« mit Künstlerkneipe.

Das in der Büchsenstraße anschließende Haus gehörte schon zum »Büchsenbad«, und noch weiter erkennt man die neue Fassade der Liederhalle von 1906.

Ganz im Hintergrund neben den schon auf dem Hoppenlaufriedhof wachsenden Bäumen steht ein kleines Häuschen von 1791, das den Beginn der damaligen Hoppenlaustraße, die später zu einem Teil der Forststraße wurde, markiert.

Die im Zweiten Weltkrieg ausgebrannten, jedoch bis zum Dachgesims erhaltenen Ruinen hat man zur Neuordnung des Gebiets 1950 beseitigt.

Blick in die Büchsenstraße zur Hospitalkirche (1905)

Etwa an der Stelle der sich kreuzenden Straßenbahngleise stand als Teil der im Zuge der Schloßstraße verlaufenden Stadtmauer bis 1856 das barokke Büchsentor. Es war eigens zum Einzug des frischvermählten Paares Herzog Carl Eugen von Württemberg und Elisabeth Sophie Friederike von Brandenburg-Bayreuth am 12. Oktober 1748 neu erbaut worden.

Besonders seit der Eröffnung des Hoppenlaufriedhofs im Jahre 1626 hatte das Büchsentor an Bedeutung gewonnen, da nun alle Trauerzüge hier aus der Stadt traten.

Das Haus rechts im Vordergrund gehörte einst zur Büchsenkaserne, weshalb die dahinter abgehende heutige Leuschnerstraße ursprünglich Kasernenstraße hieß. Von 1808 bis 1822, als das Rauchen in der Öffentlichkeit verboten wurde, war es Sitz der Königlichen Tabaksregie.

Das stattliche Rundgebäude (links auf dem historischen Foto) wurde 1894 errichtet und beherbergte im Erdgeschoß die Verkaufsräume der Pianofortefabrik Lipp & Sohn sowie ein Antiquariat, im ersten Obergeschoß war eine Arztpraxis untergebracht.

Ganz im Hintergrund sieht man den Hospitalkirchturm, dessen Gestaltwandel mit der Veränderung seiner Umgebung einherging.

Durch die Verbreiterung der Schloßstraße ist nach dem Zweiten Weltkrieg das Baugrundstück der Büchsenkaserne weggefallen. Die übrige Neubebauung dieses Bereichs orientiert sich im wesentlichen an den historischen Straßenverläufen.

Das »Bollwerk« (1909)

Einzig das Gebäude in Bildmitte – allerdings heute ohne Dachaufbauten – erlaubt eine vergleichende Orientierung.

Die unter der Bezeichnung »Bollwerk« bekannte Kreuzung Leuschnerstraße/Fritz-Elsas-Straße (ehemals Kasernenstraße/Gartenstraße) war bis um 1800 der höchstgelegene Punkt innerhalb des Stuttgarter Stadtgebiets.

Zeitweilig plante Herzog Carl Eugen aus diesem Grunde, hier sein neues Residenzschloß zu errichten, was letztlich jedoch an den hohen Grundstückskosten gescheitert ist.

Der kleine, mit Bäumen bestandene Platz im Bildvordergrund besaß früher einen Feuerlöschteich, der vom Feuersee an der Rotebühlstraße gespeist wurde. 1882 wurde er wieder zugeschüttet und begrünt.

Vor dem Zweiten Weltkrieg hieß die Fritz-Elsas-Straße »Gartenstraße« nach einem vor der Stadtmauer im Bereich des Berliner Platzes gelegenen Garten des Herzoglichen Rats Melchior Jäger.

1944 wurde die gesamte rechte Häuserzeile der Gartenstraße zerstört und die neue Baulinie später um ein Beträchtliches zurückverlegt. Gegenüber einst bietet die Fritz-Elsas-Straße heute zusätzlich zur Stadtbahnrampe noch jeweils zwei Fahrspuren Platz, ihre Breite hat sich fast verdreifacht.

Blick in die Böblinger Straße (1906)

Obwohl jahrzehntelang der gesamte Autoverkehr aus der Stadt in Richtung Vaihingen und zur Autobahn durch die Möhringer und die Böblinger Straße als einem Teilstück der B 14 floß, hat sich auf unseren Bildern nur wenig verändert.

Auch das markante Eckhaus zwischen der nach links abbiegenden, zum Bihlplatz führenden Böblinger Straße und der sich geradeaus fortsetzenden Möhringer Straße steht heute noch.

Nach der Eröffnung des vom Südheimer Platz zum Marienplatz führenden Straßentunnels im Jahre 1992 wurde der Einbahnverkehr in der Möhringer und der Böblinger Straße aufgehoben, so daß sie seither wieder in beiden Richtungen befahrbar sind.

Die nur zweieinhalbgeschossigen Häuser auf der rechten Straßenseite sind ausschließlich in den achtziger Jahren des 19. Jahrhunderts entstanden, die stadteinwärts sich anschließenden Gebäude sind in der Regel jünger.

Auch das Eckhaus in der Mitte wurde erst im Jahr 1900 fertiggestellt.

Die früher eingleisig fahrende Straßenbahn verkehrt inzwischen nicht nur auf zwei Gleisen, sondern ist 1986 zudem zur Stadtbahn ausgebaut worden und damit zu einer hochmodernen Nahverkehrslinie nach Kaltental und Vaihingen geworden.

Schwabtunnel (1906)

Außer der üppiger gewordenen Vegetation und den neueren Bauten am rechten Bildrand hat sich nur wenig verändert. Noch immer fließt der Verkehr durch den 1896 vollendeten Schwabtunnel.

Wenn auch die Straßenbahn 1972 durch eine Buslinie ersetzt wurde, so kann diese unterirdische Verbindung der Stadtteile Süd und West immerhin für sich in Anspruch nehmen, der erste Straßenbahntunnel Stuttgarts gewesen zu sein – außerdem der erste Straßentunnel Deutschland und der zu dieser Zeit breiteste Europas.

Die monumentalen Portale sind ein Werk des Architekten Karl Friedrich Kölle und noch heute wichtige Beispiele für die Gestaltung technischer Bauten in dieser Zeit.

Die beiden Gebäude auf der linken Straßenseite gehören zu den schönsten Vertretern des in Stuttgart nur sehr zurückhaltend angewandten Jugendstils. Sie wurden 1903 durch die Architektenbrüder Paul und Emil Kärn errichtet.

Über dem Tunnelportal bemerkt man den quer verlaufenden Wannenweg (jetzt Wannenstraße) sowie den nach links ansteigenden Hasenberg.

Blick vom Turm der Marienkirche in die Tübinger Straße (1906)

Im Gegensatz zu einst wird der Blick in die Tübinger Straße heute durch die Paulinen-Hochbrücke und dichten Baumbestand beeinträchtigt.

Links im Vordergrund in der Grünanlage steht noch immer der Paulinen-Brunnen, allerdings ohne die Donndorfsche Figurengruppe »Mutter mit zwei Kindern«, da diese bereits im Ersten Weltkrieg als »Metallspende« eingeschmolzen wurde.

Auch die gesamte rechte Häuserzeile der Tübinger Straße ist erhalten geblieben. Das Eckhaus mit der Büste König Karls in der Erkernische wurde 1889 aus Anlaß von dessen fünfundzwanzigjährige Regierungsjubiläum fertiggestellt. Alle weiteren sich daran anschließenden Gebäude stammen ebenfalls aus dieser Zeit.

Nur die linke Straßenseite hat sich grundlegend verändert. Das niedrige, 1812 erbaute Haus Tübinger Straße 32 fehlt ebenso wie das spitzgiebelige Gebäude von 1903 dahinter.

Damals im Besitz der Allgemeinen Rentenanstalt, wurden die beschädigten Häuser später abgetragen und durch den heutigen Neubau ersetzt.

Bopseranlagen (1907)

1762 hat man hier an einem alten Fernweg über den Bopser nach Sillenbuch und auf die Filder eine kräftige Quelle entdeckt, die 1822 gefaßt und mit einer Grünanlage umgeben wurde.

Obwohl immer wieder verändert, ist die Anlage bis heute erhalten.

Im Vordergrund trifft die Etzelstraße von rechts kommend auf die Hohenheimer Straße, wo sich heute die Stadtbahn-Haltestelle »Bopser« befindet, bevor die Bahn im Tunnel nach Degerloch verschwindet.

Einstmals war hier die Nahtstelle zwischen der Stuttgarter Straßenbahn und der Filderbahn. Man erkennt dies auch auf unserem historischen Bild an der Verschiedenheit der Wagentypen.

Die mit einem spitzen Türmchen geschmückte Villa Schaarschmidt von 1898 ist zu einer Zeit entstanden, als die Etzelstraße noch gar nicht existierte. Ganz oben erblickt man (auf dem alten Bild) durch die Baumwipfel einen Teil der Villa Weißenburg.

Im Krieg unversehrt geblieben, war das 1893 errichtete Gebäude danach Sitz der Militärregierung.

Mangels Nutzung wurde der weithin sichtbare Bau von der Stadt Stuttgart zur Bundesgartenschau 1961 abgerissen.

Ecke Olga- und Blumenstraße (1906)

Beide Straßen – die Olgastraße mit den Gleisen für die Straßenbahnlinie 3 und die rechts bergan führende Blumenstraße – wurden 1855 angelegt.

Ebenso wie das Eckhaus in Bildmitte, das 1855 entstanden ist, stammten die meisten Gebäude dieser Gegend aus der Zeit zwischen 1850 und 1880. Noch eine ganze Anzahl von ihnen sind erhalten, und was recht bemerkenswert ist: Die Neubauten wurden zumeist in die alte Struktur integriert und die Straßenführungen beibehalten.

Hier vollzog sich ein beinahe organischer Wandel, der Alt und Neu gleichberechtigt nebeneinander stehen läßt.

Über dem Ende der Blumenstraße sieht man auf dem historischen Foto in freiem Gelände die Villa Wagenburg, welche Werkmeister Carl Heimsch 1863 anstelle eines älteren Gartenhauses errichtet hat. Immer wieder umgebaut, wurde das Gebäude im Zweiten Weltkrieg zerstört und nicht wiederhergestellt.

Heute sind die Hänge durch Straßen erschlossen und vollständig bebaut.

Ganz links außerhalb des Bildes muß man sich den Katharinenplatz mit der Englischen Kirche denken, die, wenn auch etwas veändert, noch vorhanden ist.

Das »Olgaeck« (Ecke Charlotten-/ Olga-/Gaisburgstraße (1914)

Der obere Abschnitt der Charlottenstraße zwischen Olga- und Alexanderstraße wurde bereits 1940 auf das Doppelte verbreitert. Sämtliche Häuser der rechten Straßenseite mußten weichen, wobei der frühere Gehsteig als Straßenbahnhaltestelle in Fahrbahnmitte erhalten blieb.

Der untere Teil bis zum Charlottenplatz war im Zweiten Weltkrieg nahezu unzerstört geblieben. Aus verkehrspolitischen Gründen wurde jedoch auch hier die gesamte Häuserzeile bis 1960 abgerissen, um die Verbindung zum bereits bestehenden oberen Straßenstück herzustellen.

Die Charlottenstraße ist eines jener Beispiele, wo die Bausubstanz auch ohne Kriegseinwirkung im Verlauf von fünfzig Jahren fast völlig ausgewechselt wurde.

Als markanter Blickfang blieb jedoch das Gebäude Charlottenstraße 21 (in der Bildmitte) erhalten. In Frührenaissanceformen ist es 1902 anstelle eines fast hundert Jahre alten Vorgängerbaus errichtet worden.

Das links sichtbare Eckhaus zwischen Olga- und Gaisburgstraße war ein Werk des berühmten Architekten Carl Beisbarth aus den Jahren 1862 bis 1864. Besonders bemerkenswert war der zwei Geschosse hohe Durchgang mit darüberliegender Altane an der Gebäudespitze.

An der Straße lag in einer Bogennische der Olgabrunnen mit einer Figur von Johannes Capeller, welche die »Baukunst« verkörperte. Sie wurde 1949 ins Städtische Lapidarium integriert.

Im Zweiten Weltkrieg schwer beschädigt, hat das Haus heute ein neues Aussehen.